Heile, heile,
    Mausebär,
bring mir Milch
    und Honig her!
Milch und Honig
    in den Mund,
wird das kranke
    Kind gesund.

Denkt euch nur,
    der Frosch ist krank!
Liegt nur auf der
    Gartenbank,
quakt nicht mehr,
    wer weiß wie lang,
ach, wie fehlt mir
    sein Gesang.

Wir danken den folgenden Autoren und Verlagen für die freundliche Abdruckgenehmigung:

ROSWITHA FRÖHLICH · WIE MAN IM BETT LIEGEN KANN, aus Roswitha Fröhlich: „Der Weltraumvogel",
© 1994 by Rowohlt Taschenbuch Verlag GmbH, Reinbek; ROSWITHA FRÖHLICH · BETT-WELTREISE,
© mit Genehmigung der Autorin; HEINRICH HANNOVER · DIE EISENBAHN, aus Heinrich Hannover:
„Der vergeßliche Cowboy", © 1980 by Rowohlt Taschenbuch Verlag GmbH, Reinbek;
HEINRICH HANNOVER · DER DOKTOR UND DAS WILDSCHWEIN, aus Heinrich Hannover: „Der müde Polizist",
© 1972 und 1975 Rowohlt Taschenbuch Verlag GmbH, Reinbek, mit Genehmigung der Agentur Liepmann AG,
Zürich; DOROTHÉE KREUSCH-JACOB · SOPHIE, DIE SCHNUPFENHEX', aus: „Ich schenk dir einen Regenbogen",
1993 Patmos Verlag, Düsseldorf; MARGRET RETTICH · EINE KRÄCHZENDE NACHTEULE, aus: „Dr. Schimmel und
Fräulein Maus", © 1983 by Loewes Verlag, Bindlach; JAMES THURBER · EIN MOND FÜR LEONORE,
© 1943 by James Thurber, © 1970 by Helen W. Thurber, für die deutschsprachige Ausgabe
© 1993 by Lappan Verlag, Oldenburg, übersetzt von Hildegard Krahé; INGRID UEBE · DER KLEINE BRÜLLBÄR
IST KRANK, Auszug aus gleichlautendem Titel, © 1990 Ravensburger Buchverlag, Ravensburg;
CHRISTA WIßKIRCHEN · DAS STOFFTIER-KRANKENHAUS, aus: „Schlafen Mücken auf dem Rücken?",
© 1994 by Don Bosco Verlag, München; URSULA WÖLFEL · DIE GESCHICHTE VOM SCHWEIN,
DAS ROSA HEISSEN WOLLTE, aus: „28 Lachgeschichten", © by K. Thienemanns Verlag, Stuttgart/Wien.

ISBN 3-8157-1324-2

© 1996 Coppenrath Verlag, Münster
© der Textbeiträge bei den Autoren und bei den Originalverlagen.
Soweit nicht besonders aufgeführt, liegen die Rechte an den Textbeiträgen bei den Autoren.

Printed in Italy

# Heile, heile, Mausebär

Die schönsten Geschichten, Verse und
Mitmachlieder zum Gesundwerden

Herausgegeben von Annette Langen
Bilder von Rolf Fänger & Ulrike Möltgen

COPPENRATH VERLAG MÜNSTER

# INH

# Der kleine Brüllbär ist krank

Eines Morgens mochte der kleine Brüllbär sein Frühstück nicht. Das war höchst ungewöhnlich. Die Mutter sah ihn besorgt an. Sie hatte ihm Milch und ein Honigbrot hingestellt. Das mochte er sonst sehr gern. Jetzt schnupperte er nur daran und ließ beides stehen.

„Was ist los, kleiner Brüllbär?" fragte die Mutter. „Trink doch und iß!"

„Uaah!" brüllte der kleine Brüllbär. Doch brüllte er leiser als sonst. Es klang ziemlich kläglich.

„Ich mag nicht trinken! Ich mag nicht essen! Die Milch riecht sauer! Der Honig riecht bitter!"

8

Die Mutter schüttelte den Kopf. Sie sagte:
„Aber das stimmt nicht, kleiner Brüllbär. Ich habe
beides probiert."

„Stimmt doch!" antwortete der kleine Brüllbär.
„Hast du gar nicht probiert!"

Die Mutter legte ihm ihre Pfote auf die Nase.
„Sie ist ganz heiß", stellte sie fest. „Du hast sicher
Fieber und gehörst ins Bett."

„Uaah!" brüllte der kleine Brüllbär.
„Nein, ich will nicht ins Bett! Ich bin ja eben
erst aufgestanden."

„Dann geh ein bißchen hinaus!"
sagte die Mutter.
„Frische Luft tut dir
vielleicht auch gut."
Der kleine Brüllbär
ging in den Garten.
Er legte sich in die
Sonne. Aber die war
ihm zu heiß.

Dann legte er sich in den Schatten. Aber dort war es ihm zu kalt. Schließlich ging er wieder ins Haus. Die Mutter fegte die Stube.

„Spielst du mit mir?" fragte der kleine Brüllbär.

„Jetzt nicht", sagte die Mutter. „Ich habe zu tun."

„Uaah!" brüllte der kleine Brüllbär. Aber mehr fiel ihm nicht ein.

„Tut dir vielleicht etwas weh?" fragte die Mutter.

„Ja", brüllte der kleine Brüllbär. „Mein Kopf und mein Hals und überhaupt alles!"

„Das hättest du gleich sagen sollen", meinte die Mutter. Dann steckte sie ihn ins Bett. Der kleine Brüllbär brüllte nicht mehr. Er brummte nur noch ein bißchen. Er war froh, daß er im Bett lag.

Die Mutter stopfte dem kleinen Brüllbär drei Kissen in den Rücken und deckte ihn gut zu. Dann brachte sie ihm ein Bilderbuch.

„Du sollst hierbleiben!" sagte der kleine Brüllbär.

„Laß mich nur noch die Stube fertig kehren!" antwortete die Mutter. „Dann komme ich wieder."

„Uaah!" brüllte der kleine Brüllbär.

Da steckte sie ihm schnell das Fieberthermometer in den Mund, und er schwieg still.

„Schön drin lassen!" mahnte die Mutter. „Ich bin gleich wieder da."

Der kleine Brüllbär lehnte sich in die Kissen zurück. Das Bilderbuch sah er nicht an. Er war viel zu schwach, und alles tat weh.

Der kleine Brüllbär machte die Augen zu. Aber er schlief nicht. Ihm war sehr heiß unter der Decke. Er strampelte sie fort.

„Aber kleiner Brüllbär", sagte die Mutter, „du hast ja dein Bett ganz durcheinandergewühlt."

Der kleine Brüllbär seufzte. Sprechen konnte er nicht. Die Mutter nahm ihm das Thermometer aus dem Mund. Sie sagte erschrocken: „Du hast hohes Fieber. Ich rufe den Doktor."

„Uaah!" brüllte der kleine Brüllbär. Er brüllte ganz heiser. „Nein, nicht den Doktor! Den kann ich nicht leiden."

„Aber kleiner Brüllbär", sagte die Mutter, „Doktor Rabe ist ja sehr klug, und er wird dir bestimmt helfen." Sie trat ans Fenster und machte es auf. Unter dem Dach wohnten Herr und Frau Schwalbe mit ihren vier Kindern.

Die Mutter rief: „Hallo, Herr Schwalbe! Wären Sie wohl so nett, Doktor Rabe zu holen? Unser kleiner Brüllbär ist krank."

„Gewiß!" rief Herr Schwalbe. „Gewiß!" Eilig flog er davon.

Die Mutter holte dem kleinen Brüllbär ein großes Glas kühlen Himbeersaft aus der Küche. Das trank er in einem Zug leer.

Die Mutter setzte sich an sein Bett. Sie fragte: „Soll ich dir etwas erzählen?"

„Ja", sagte der kleine Brüllbär, „etwas von früher, als ich noch klein war!" Er kannte alle Geschichten von früher, doch er bekam nie genug davon. Also erzählte die Mutter von der Zeit, als er noch ein winziger Brüllbär gewesen war und nicht einmal „uaah" sagen konnte. Nur „uääh, uääh" hatte er gemacht, das allerdings schon ziemlich laut. Als er dann laufen lernte, hatte er immer seine vier Pfoten durcheinandergebracht, die rechten und die linken, die vorderen und die hinteren …

An dieser Stelle
klopfte es ans
Fenster. Das war
Doktor Rabe!
Die Mutter
machte ihm auf.
„Guten Tag, kleiner
Brüllbär!" sagte der Doktor. „Nun,
wie geht es dir denn?"

Der kleine Brüllbär antwortete nicht. Er brüllte
nicht einmal. Doktor Rabe sah ihm in die Augen
und in den Hals. Er fühlte ihm den Puls und horchte
an seiner Brust.

Dann sagte er: „Es ist nur eine starke Erkältung."
Die Mutter atmete auf.

Doktor Rabe sprach weiter: „Übrigens komme
ich eben von deinem Freund, dem kleinen Brummbär. Der hat die gleiche Krankheit wie du. Habt ihr
gestern vielleicht etwas angestellt?"

„Nein", sagte der kleine Brüllbär, „nur ein bißchen
im Bach gestanden."

„Soso", sagte der Doktor. „Aber der Bach ist doch sehr kalt."

„Ja", sagte der kleine Brüllbär, „wir hatten gewettet, wer es am längsten darin aushalten kann. Ich habe gewonnen."

„Dann ist die Sache ja klar", sagte Doktor Rabe. Er zog ein Fläschchen mit weißen Tabletten unter seinem Flügel hervor. Er sagte: „Davon nimmst du jetzt zwei!"

Da brüllte der kleine Brüllbär: „Uaah! Nein, die nehme ich nicht!"

„Der kleine Brummbär hat sie genommen", sagte der Doktor.

„Wie denn?" fragte der kleine Brüllbär. „Hat er gebrüllt? Oder gebrummt?"

„Nein", sagte der Doktor, „er hat sie einfach runtergeschluckt. Er ist ja nicht dumm."

„Ich bin auch nicht dumm!" sagte der kleine Brüllbär.

Da holte ihm seine Mutter noch ein Glas Himbeersaft. Er nahm einen großen Schluck und spülte die Tabletten damit runter.

„Na also!" sagte Doktor Rabe. „Jetzt werde ich noch die Kräuterfrau schicken. Die soll Tee für dich kochen. Danach kommt Klara Kröte und macht dir Umschläge. Dann bist du bald wieder gesund."

Die Mutter machte das Fenster auf. Da flog der Doktor hinaus.

Der kleine Brüllbär trank den heißen Tee und ließ sich kalte Umschläge machen. Danach ging es ihm schon etwas besser.

Die Mutter sagte: „So, kleiner Brüllbär, jetzt hole ich dir etwas Gutes zu essen. Du mußt doch allmählich hungrig sein."

„Hungrig eigentlich nicht", sagte der kleine Brüllbär. „Aber ein bißchen Appetit habe ich schon."

„Auf was denn?" fragte die Mutter.

Der kleine Brüllbär überlegte. „Auf Honigkuchen und Pudding", sagte er dann, „auf Milchreis und

Apfelkompott, auf Brötchen mit Himbeermarmelade, auf Pfannkuchen mit Zucker, dann noch auf zwei oder drei Nüsse und ein paar Rosinen vielleicht."

„Ist das schon alles?" fragte die Mutter.

„Nein", sagte der kleine Brüllbär, „das größte bißchen Appetit habe ich nämlich auf Walderdbeeren mit Sahne."

„Ich will sehen, was ich tun kann", sagte die Mutter und ging in die Küche.

Der Vater kam und brachte dem kleinen Brüllbär einen Hampelhasen. Den hatte er selbst gemacht. Der kleine Brüllbär lachte.

„Kranke Kinder sollen sich freuen", sagte der Vater, „dann werden sie schneller gesund."

Die Mutter trug ein Tablett mit leckeren Sachen herein. Der kleine Brüllbär lachte wieder.

„Freust du dich?" fragte der Vater.

„Schmeckt es dir?" fragte die Mutter.

Der kleine Brüllbär nickte. Sprechen konnte er nicht. Er hatte den Mund voll Walderdbeeren mit Sahne.

*Ingrid Uebe*

## BESUCH VON KASPER

Figuren: *Kasper, die Lieblingspuppe oder das Kuscheltier des Kindes. Mutter oder Vater hält eine Kasperpuppe in der Tasche und setzt sich zu dem kranken Kind.*

Ich habe Besuch für dich mitgebracht. Willst du ihn sehen? *Natürlich ist Besuch erwünscht, und Kasper erscheint aus der Tasche.*

Tri-tra-trallalla, heute ist der Kasper da. *Er verbeugt sich tief:* Guten Tag, liebe(r) ................... *(Name).* Soll ich dir etwas Schönes vorsingen? Paß auf, ich fange an! Tri-tra… Quietsch!

19

*Kasper fragt das Kind:* Was war denn das? Hast du gequietscht? Nein? Das ist aber komisch. Soll ich noch einmal anfangen?

*Er singt wieder:* Tri-tra... Quietsch! Nanu? Was quietscht denn hier eigentlich so?

*Er guckt unter das Bett und fragt:* Hallo, sitzt hier ein Mäuschen unter dem Bett? Oder ... ein Elefant? Kann ein Elefant quietschen? Paßt er überhaupt unter ein Bett?

*Kasper wendet sich wieder an das Kind:* Hast du gequietscht? Komisch, was war das denn nur? Jetzt ist alles still. Da kann ich endlich das schöne Lied singen.

*Fängt an zu singen:* Tri-tra ... quietsch! *Er ruft aufgeregt:* Jetzt weiß ich es! Das Bett quietscht.

*Er spaziert um das Bett, faßt an die vier Ecken, rüttelt daran und sagt an jeder Ecke:* Quietsch!

*Dann wendet er sich zu dem Kind und sagt nachdenklich:* Ich glaube, das Bett ist auch ein bißchen krank. Was können wir tun, damit es nicht mehr quietscht?

20

*Ein möglicher Vorschlag: ölen.* Kasper holt ein kleines Fläschchen, er sagt: Zufällig habe ich etwas Öl dabei.

*Kasper tut so, als würde er das Bett an allen vier Ecken ölen, dann wartet er und fragt:* Quietscht es noch? Nein?

*Kasper guckt unter das Bett:* Ein Mäuschen sitzt nicht darunter und ein Elefant erst recht nicht.

*Falls das Kind Interesse hat, kann Kasper eine weitere „Krankheit" diagnostizieren, z.B. das Bett wackelt, also festschrauben. Kasper freut sich anschließend:* Hurra, das Bett ist wieder gesund! Jetzt singe ich mein Kasperlied. Möchtest du mitsingen? Auf los geht's los: Tri-tra-trallalla, tri-tra-trallalla, der Kasper, der ist wieder da.

*Nach dem gemeinsamen Lied könnte sich der Kasper verabschieden:* Wenn du möchtest, komme ich morgen wieder und zeige dir ein Kunststück, bringe eine Überraschung mit, …, …

*Kasper winkt und verschwindet in der Tasche.*

*Ingelore und Heinz Krause*

# NEUES VOM KLEINEN LÖWEN TRINIDAD

„So ein fieser Tag!" dachte der Löwe Trinidad – zog die Gardine wieder vor die Fensterscheibe und ging ins Bett zurück.

„Kalt ist es, und die Sonne hat sich schon seit einer Woche nicht blicken lassen. Ich kann diesen blöden Regen nicht mehr sehen! Er macht mich noch ganz trübsinnig, und einen Schnupfen krieg ich wahrscheinlich auch."

HAAATSCHI – nieste der kleine Löwe und zog sich die Bettdecke bis unter die Nasenspitze.

Nun war es ihm zwar etwas wärmer als zuvor, aber jetzt kratzte es ganz komisch im Hals.

Der kleine Löwe Trinidad hustete zweimal und wickelte sich vorsichtshalber den dicken Wollschal, den er von der Trine zum Geburtstag bekommen hatte, um den Hals.

Das Kratzen wurde etwas besser, aber nun wurde es ihm plötzlich furchtbar heiß.

Jetzt kommt das Fieber, dachte der kleine Löwe und steckte sich zur Kontrolle ein Thermometer in den Mund.

Genau in diesem Augenblick klopfte es an der Tür, und die Eule steckte ihren Kopf herein.

„Gottogottogott!" sagte sie. „Was hast du denn?"

„Es geht mir nicht gut", sagte der kleine Löwe Trinidad, „wahrscheinlich habe ich SCHNUPFEN – oder eine Grippe."

„Hast du Fieber?" fragte die Eule.

„Vermutlich JA!" brummte Trinidad, und die Eule machte ihm vorsichtshalber schon mal einen Quarkwickel ums Bein.

„Was ist hier denn los?" frage der Frosch,
der nur mal guten Tag sagen wollte.

„Pssst", sagte die Eule, „dem kleinen Löwen
geht es sehr schlecht. Wahrscheinlich hat er eine
LUNGENENTZÜNDUNG oder so."

„Ouiiii", sagte der Frosch mit besorgtem Gesicht, „das kann Komplikationen geben. Ein Onkel
von mir hatte eine LUNGENENTZÜNDUNG zusammen
mit einer MITTELOHRENTZÜNDUNG und hat seitdem
ständig ein gräßliches Pfeifen im Ohr. Der kleine
Löwe muß unbedingt eine Mütze tragen."

Sie setzten dem kleinen Löwen die rote Pudelmütze auf und achteten darauf, daß die Ohren

bedeckt waren und der Quarkwickel die richtige Temperatur behielt.

Dann kam der Hase und fragte, was denn bloß passiert sei.

„Es steht nicht gut um den kleinen Löwen", flüsterte der Frosch.

„VERSCHIEDENE ENTZÜNDUNGEN im ganzen Körper!"

„Die Füße!" sagte der Hase. „Er darf auf keinen Fall kalte Füße haben. Dadurch kann man CHRONISCHEN RHEUMATISMUS bekommen – wie mein Bruder Reinhold, der heute kaum noch einen Schritt ohne fremde Hilfe machen kann."

Er wickelte eine Decke um Trinidads Füße und machte auch ein besorgtes Gesicht. So standen sie alle mit sorgenvollen Mienen um den kleinen Löwen herum, als die Trine zur Tür herein kam.

„Was macht ihr denn", rief sie und wunderte sich nicht schlecht, als sie den kleinen Löwen in seiner Verkleidung sah.

„Er ist furchtbar krank – wir haben ihn schon etwas behandelt!" sagten die drei.

„Aber er kann sich ja kaum noch bewegen!"
rief die Trine und befreite den kleinen Löwen von
seinen Quarkwickeln und der Pudelmütze und dem
Thermometer und dem dicken Wollschal. Dann zog
sie die Gardinen zurück und öffnete das Fenster.

Die Sonne schickte einen breiten Strahl ins
Zimmer.

„WOUUW!" rief der kleine Löwe Trinidad,
rieb sich die Augen, streckte die Arme weit aus
und grinste sein schönstes Löwengrinsen.

„Was für ein wunderschöner Tag!" sagte er,
zog sein Hawaihemd über und machte mit der
Trine einen langen Sommersonnenabendspaziergang.

*Rolf Fänger*

# KRANK IST HAMPELMANN

## *(Ein Mitmachlied)*

Krank ist Ham-pel-mann, krank ist Ham-pel-mann,

krank ist Ham-pel-mann, mein ar-mer Ham-pel-mann.

O, du mein Ham-pel-mann, mein Ham-pel-mann, mein Ham-pel-mann,

o, du mein Ham-pel-mann, wie arm und krank bist du!

Jetzt steigt Hampelmann,
jetzt steigt Hampelmann,
jetzt steigt Hampelmann
in sein Bett hinein.
*(mit den Fingern gehen)*
O, du mein Hampelmann …

Jetzt zieht Hampelmann seine Decke glatt.
*(mit der Handfläche glattstreichen)*
O, du mein Hampelmann …

Jetzt nimmt Hampelmann seine Medizin.
*(Löffel vor- und zurückführen)*
O, du mein Hampelmann …

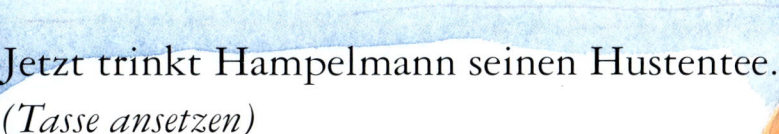

Jetzt trinkt Hampelmann seinen Hustentee.
*(Tasse ansetzen)*
O, du mein Hampelmann …

Jetzt liest Hampelmann in seinem Bilderbuch.
*(in aufgeklappten Händen lesen)*
O, du mein Hampelmann …

Jetzt spielt Hampelmann mit seinem Teddybär.
*(mit den Armen wiegen)*
O, du mein Hampelmann …

Jetzt kriegt Hampelmann einen dicken Kuß.
*(Küßchen)*
O, du mein Hampelmann …

Jetzt schläft Hampelmann sich ganz schnell gesund.
*(Wange auf zusammengelegte Hände betten)*
O, du mein Hampelmann,
mein Hampelmann, mein Hampelmann,
o, du mein Hampelmann,
wie lieb und brav bist du!

*Melodie: überliefert*
*Text: Kristina Franke*

## DIE LAUFENDE NASE

Neulich sah ich eine Nase laufen. Sie war klein,
dick und rot. Laufende Nasen mag ich nicht.
Deshalb erschrak ich, als sie hinter mir herlief.

"Bleib stehen", rief die laufende Nase,
"bleib stehen! Du gefällst mir, bei dir will ich
eine Weile bleiben!"

"Nein, nein", schrie ich entsetzt, "ich mag dich
nicht. Bleib mir vom Leibe. Wenn du bei mir bist,
bekomme ich Kopfschmerzen, mir tränen die
Augen, und ich kann weder etwas schmecken noch
riechen. Bleib um Himmels willen, wo du bist!"

Aber die laufende Nase hatte sich nun mal in den Kopf gesetzt, ausgerechnet mir nachzulaufen. Ich rannte, was ich konnte, um sie loszuwerden. Ich werde doch wohl noch schneller laufen können als eine laufende Nase?! Die soll sich nur nicht einbilden, mich einholen zu können.

„Warte", rief die laufende Nase, „so warte doch endlich!"

Ich lief so schnell mich die Beine trugen, dabei schaute ich einmal zurück, ob die laufende Nase mir noch immer folgte. Tatsächlich, sie war mir dicht auf den Fersen!

Gerade wollte sie mich einholen, da stolperte ihr

ein großer, schwerer Mann in den Weg.

„Hatschi!" machte der Mann. Als die laufende Nase diesen Ton vernahm, blieb sie stehen. Hatschi war gerade das richtige Wort, mit dem man sie ablenken konnte. Hatschi klingt wie Musik in den Ohren laufender Nasen.

Sofort ließ sie von mir ab und lief nun dem dicken Mann hinterher, und als er ein zweites Mal hatschi machte, hatte sie ihn eingeholt. Ich war die laufende Nase endlich los!

Herrlich, dachte ich, jetzt bist du ihr noch mal entkommen. Nun machte ich mich aus dem Staub, denn ein zweites Mal habe ich sicherlich nicht soviel Glück. Es reicht, wenn ich ihr in einem halben Jahr erst wieder begegne.

*Sibylle Mews*

# SOPHIE, DIE SCHNUPFENHEX'

Hat-schi, hut-schi! Klix und Klex! Ich bin So-phie, die Schnup - fen - hex'!

Refrain

Ha - tschi, hu - tschi!

Klix und Klex! Ich bin So-phie, die Schnup-fen - hex'!

Auf meinem lila Taschentuch
da steht ein Schnupfenzauberspruch!
Hatschi, hutschi …

33

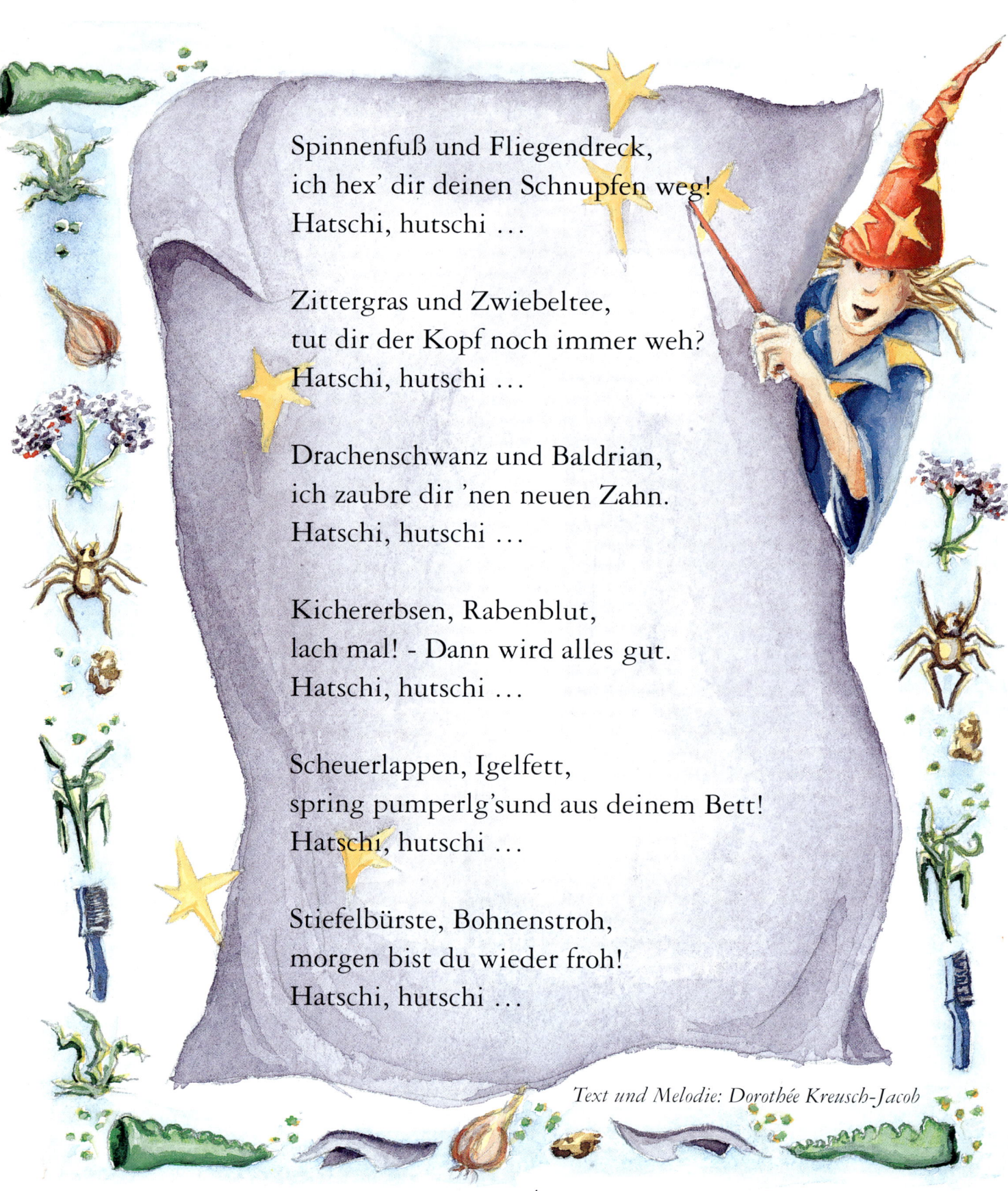

Spinnenfuß und Fliegendreck,
ich hex' dir deinen Schnupfen weg!
Hatschi, hutschi …

Zittergras und Zwiebeltee,
tut dir der Kopf noch immer weh?
Hatschi, hutschi …

Drachenschwanz und Baldrian,
ich zaubre dir 'nen neuen Zahn.
Hatschi, hutschi …

Kichererbsen, Rabenblut,
lach mal! - Dann wird alles gut.
Hatschi, hutschi …

Scheuerlappen, Igelfett,
spring pumperlg'sund aus deinem Bett!
Hatschi, hutschi …

Stiefelbürste, Bohnenstroh,
morgen bist du wieder froh!
Hatschi, hutschi …

*Text und Melodie: Dorothée Kreusch-Jacob*

34

# WIE KLEMENTINE DIE MASERN HATTE

Brav war Klementine, die bei Tante Schnuck lebte, eigentlich nicht, denn leider streckte sie schrecklich gern anderen Leuten die Zunge heraus. Die Tante seufzte dann jedesmal laute Seufzer.

Weil Klementine aber sehr oft die Zunge herausstreckte, konnte sie die Zunge immer länger und länger machen. Eines Tages streckte sie der Frau Apotheker Aberle so sehr die Zunge heraus, daß diese feine Dame fast in Ohnmacht fiel.

Als Klementine dann die Zunge wieder im Mund verschwinden lassen wollte, merkte sie jedoch zu ihrem Entsetzen, daß das gar nicht mehr ging. Ihre Zunge war nämlich so lang geworden, daß für sie im Mund kein Platz mehr war.

Das war schlimm für Klementine. Sie konnte nicht mehr richtig sprechen und nicht mehr richtig essen und trinken und traute sich überhaupt nicht mehr auf die Straße.

So saß sie denn immer daheim. Und wenn die Leute aus der Nachbarschaft fragten, was denn mit ihr los sei, man sehe sie ja gar nicht mehr, dann erwiderte Tante Schnuck verlegen: „Meine Nichte hat bedauerlicherweise die Masern und muß das Bett hüten!"

So vergingen viele Wochen, und nach und nach vergaßen die Leute Klementines Frechheiten, und nun tat ihnen dieses arme, kleine Mädchen immer mehr leid.

„So schlimm hat noch nie ein Kind die Masern gehabt!" sagten sie.

Viele wollten Klementine auch besuchen, doch weil Tante Schnuck niemanden in die Wohnung ließ, hielten die Leute Klementines Krankheit nur noch für schlimmer. Sie schickten deshalb Klementine

Blumen ins Haus, Kekse, Schokolade, Spielzeug und Bilderbücher. Das machte die arme Tante Schnuck nur noch mehr verlegen. Aber auch Klementine

schämte sich, daß nun alle so lieb an sie dachten. Das war gut so. Denn jedesmal, wenn sie sich schämte, wurde ihre Zunge ein bißchen kürzer. Ja, schließlich war sie wieder genauso lang und genauso kurz wie jede andere Klein-Mädchen-Zunge.

Nun endlich konnte sich Klementine wieder auf der Straße zeigen.

Sie bedankte sich bei allen für die vielen schönen Geschenke. Sie grüßte immer freundlich – ja, ja, sie benahm sich sehr wohlerzogen. Aber das hielt nicht lange an, denn von Tag zu Tag juckte es sie mehr, den Leuten wie früher die Zunge herauszustrecken. Und schließlich tat sie das dann auch wieder.

Nur hielt sie sich jetzt dabei sicherheitshalber immer die Hand vor den Mund, so daß die Zunge nur ein kleines bißchen herauskonnte. Also sagten die Leute zu Tante Schnuck: „Wirklich erstaunlich, wie höflich Klementine ist, seitdem sie die Masern hatte! Sie hält sich, wenn sie gähnen muß, sogar immer die Hand vor den Mund!"

*Günter Spang*

38

# BETT-
# WELT-
# REISE

Also:
die Kissen sind
die Kulissen.
Sie werden
nach hinten zu den
Füßen geschmissen,
werden geklopft,
gepufft, gedellt,
nebeneinander
hingestellt und dann
so aufgetürmt und
aufgebaut, daß
man zum Beispiel
den Himalaja schaut.
Das ist in Indien ein hoher Berg.
Und darin geht man dann als Zwerg
oder als Mensch oder als Geist,
der entweder Para oder Piri heißt,
durch Schluchten und einsame Wildnis spazieren.
Man darf nur nicht die Orientierung verlieren.
Auch empfiehlt sich, im Falle von Hungersnot,
im Rucksack ein haltbares Knäckebrot.

*Roswitha Fröhlich*

# DIE SPRITZE

Petra liegt im Bett. Petra hat Fieber und Halsweh und Kopfweh und Knieweh und Bauchweh und überhaupt Überallweh.

Der Doktor kommt. Er schaut in Petras Hals. Er drückt auf Petras Bauch. Er klopft auf Petras Rücken. Er hält Petras Hand und guckt gleichzeitig auf die Uhr. „Wie spät ist es?" fragt Petra.

„Gleich Mittag", sagt der Doktor. „Aber ich habe nicht geschaut, wie spät es ist. Ich habe gezählt, wie schnell dein Herz schlägt."

Er nimmt Petras Hand und legt ihren Zeigefinger, ihren Mittelfinger und ihren Ringfinger auf die Innenseite des anderen Handgelenks.

Sie spürt, wie da etwas auf- und abgeht.

„Bei dir auch?" fragt sie.

„Bei mir auch", sagt der Doktor. „Bei allen Menschen. Da spürst du, wie das Herz Blut durch den ganzen Körper pumpt."

Petra legt ihre Finger auf das Handgelenk des Doktors. Sie findet die Stelle nicht, wo man den Herzschlag spüren kann. Er hilft ihr, sie zu finden.

„Jetzt bei dir", sagt Petra zu ihrer Mama.

„Später", sagt die Mutter. „Der Herr Doktor muß noch zu vielen anderen Kindern gehen."

Der Doktor holt eine Injektionsspritze aus der Tasche. „Ich muß dir jetzt eine Spritze geben, damit du schnell wieder gesund bist", sagt er. „Es tut fast gar nicht weh. Nur ein kleiner Stich. Und wenn ich fertig bin, schenke ich dir die Spritze, und du kannst dann dem Teddy eine Spritze geben, ja?"

Petra hat ein bißchen Angst. Sie dreht sich zur

Seite und macht die Augen zu. Die Mutter schiebt
ihr das Nachthemd hoch. Der Doktor reibt mit
Watte auf Petras linker Popohälfte. Sie wartet auf
den Stich.

„Wir sind schon fertig", sagt der Doktor. Er nimmt
die Nadel aus der Injektionsspritze. Er gibt der
Mutter die Nadel und Petra die Spritze.

Die Mutter deckt Petra zu.

Als der Doktor gegangen ist, gibt Petra dem
Teddy eine Spritze.

Aber der Teddy ist nicht so vernünftig wie sie.

Der macht vielleicht ein Affentheater!

Der schreit und heult.

Der strampelt mit den Beinen.

„Du bist wirklich noch zu blöd
zum Kranksein", sagt Petra.

*Renate Welsh*

42

## DIE EISENBAHN IM BETT

Es war einmal eine kleine Eisenbahn. Die hatte eine Lokomotive, die machte puff-puff-puff-puff.

Und einen Kohlenwagen, der war ganz schwarz, so schwarz: *(Augen zuhalten)*.

Dann kam ein Personenwagen, der machte rátata-rátata-rátata.

In dem Personenwagen saß ein Mann, der hatte eine Brille auf der Nase und schaute aus dem Fenster, so: *(Brille mit den Fingern machen)*.

Dann kam ein Güterwagen, der machte ratáta-ratáta-ratáta.

43

In dem Güterwagen waren Schafe, die machten
mäh-mäh-mäh.

Dann kam ein Tankwagen, der machte ratatá-
ratatá-ratatá.

In dem Tankwagen war Wasser, das machte
gluckgluckgluck-gluckgluckgluck.

Und die Eisenbahn fuhr immer schneller und
schneller:
puff-puff-puff-rátata-rátata-rátata-
ratáta-ratáta-ratáta-ratatá-ratatá-ratatá.

Aber dann fuhr die Eisenbahn in den Bahnhof
ein und wurde immer langsamer:
ratatá-ratatá-ratatá-
ratáta-ratáta-ratáta-
rátata-rátata-rátata-puff-puff-puff.

Da stand die Eisenbahn. Der Mann mit der Brille stieg aus. *(Mit den Fingern gehen.)*

Die Schafe stiegen aus. *(Mit den Fingern laufen.)*

Das Wasser lief heraus, gluckgluckgluck.

Und dann schloß der Schaffner die Lokomotive zu. *(Schließen auf der Brust machen.)*

Und dann schloß der Schaffner den Kohlenwagen zu *(ebenso)*.

Und dann den Personenwagen, den Güterwagen und den Tankwagen *(ebenso)*.

Nun war die Eisenbahn ganz zugeschlossen und konnte schlafen.

Morgen früh schließt der Schaffner sie wieder auf, dann kann sie weiterfahren.

*Heinrich Hannover*

## DAS BÄRENARZNEIBUCH

Der kleine Bär machte einen Spaziergang, früh am Morgen. Die Vögel sangen. An allen Zweigen blinkte und blitzte der Tau. Alles war fröhlich. Der kleine Bär war es auch.

Als der kleine Bär müde wurde, setzte er sich auf einen kleinen, runden Hügel, der war weich wie ein Kissen. Aber gleich sprang der kleine Bär wieder auf, ganz entsetzt. Er hatte sich auf einen Ameisenhaufen gesetzt. Der kleine Bär ging weiter und war nur noch halb so froh. Er ging, bis ihm der Rücken juckte. Dann blieb er stehen und rieb seinen Buckel an einem Baum.

Da rief von oben jemand:
„He du!" Auf dem Baum saß
ein Eichhörnchen. Das schrie
herab: „Läßt du's gleich
bleiben, deinen Buckel an
meinem Baum zu reiben!"

Der kleine Bär rief hinauf: „Warum?
Davon fällt dein Baum noch lange nicht um!"

Aber das Eichhörnchen rief: „Marsch,
fort, du Tropf! Sonst werf' ich dir
Tannenzapfen auf deinen dicken
Kopf!"

Da ging der kleine Bär zu
einem anderen Baum und
rieb sich dort seinen Buk-
kel. Aber jetzt machte
ihm das Buckelreiben
keinen Spaß mehr.
Nichts auf der Welt
machte dem kleinen
Bären noch Spaß.

Er ging nach Hause und ließ den Kopf hängen.

Als der kleine Bär so traurig nach Hause kam, fragte ihn der große Bär nach seinem Kummer. Der kleine Bär erzählte, was ihm zugestoßen war.

Der große Bär sagte: „Das ist doch vorbei und vorüber, denk nicht mehr daran! Der Tag hat noch viele schöne Stunden." Aber der kleine Bär ließ noch immer den Kopf hängen. Der war vor Ärger zentnerschwer.

Da sagte der große Bär: „Jetzt gib acht!" Und er holte das dicke Arzneibuch herbei. Das hatte ein berühmter Bärendoktor vor Jahren verfaßt. Hatte er auch ein Mittel gegen Kopfhängen aufgeschrieben? Aber ja. Da stand es genau:

MAN SCHLAGE SIEBEN PURZELBÄUME!

Der kleine Bär schlug sieben Purzelbäume im Moos. Da war er seinen                    Ärger los.

*Josef Guggenmos*

## EIN MOND FÜR LEONORE

In einem Königreich am Meeresufer lebte einmal
eine kleine Königstochter, die hieß Leonore. Sie war
fast schon elf Jahre alt, und eines Tages hatte sie zu
viele Erdbeertörtchen gegessen und Bauchweh
bekommen und mußte im Bett liegen bleiben.

Der Hofarzt kam zu ihr, ließ sich die Zunge
zeigen, steckte ihr das Fieberthermometer unter
die Achsel und fühlte ihren Puls. Dann machte er
ein sorgenvolles Gesicht und ließ ihren Vater,
den König, rufen.

„Die Königstochter ist krank", verkündete er.

„Hast du einen Wunsch?" fragte der König besorgt. „Du sollst alles haben, was dein Herz begehrt."

„Ich wünsche mir den Mond", antwortete die Königstochter, „wenn ich den Mond bekomme, werde ich wieder gesund."

Da der König lauter kluge Männer um sich hatte, die auch ihm alles beschafften, was sein Herz begehrte, versprach er seiner Tochter den Mond.

Dann ging er in den Thronsaal und läutete nach dem Lordkanzler. Der Lordkanzler war ein großer dicker Mann, der eine Brille mit großen dicken Gläsern trug, wodurch er doppelt so gescheit aussah, als er wirklich war.

„Ich möchte, daß du mir den Mond besorgst", sagte der König, „die Königstochter wünscht sich den Mond, und wenn sie ihn bekommt, wird sie wieder gesund. Heute nacht, spätestens aber morgen früh, hat er hier zu sein!"

Der Lordkanzler wischte sich mit einem Taschentuch den Schweiß von der Stirn und schnaubte laut durch die Nase. „Ich habe in meinem Leben schon eine ganze Menge Dinge möglich gemacht, aber den Mond besorgen, das kommt überhaupt nicht in Frage. Er ist 35 000 Meilen entfernt, und er ist größer als das Zimmer der Königstochter. Außerdem besteht er aus geschmolzenem Kupfer. Den Mond kann ich nicht besorgen."

Da wurde der König zornig. Er scheuchte den Lordkanzler davon und bat den Zauberer zu sich in

den Thronsaal. Der Zauberer war ein kleiner dürrer
Mann mit einem hageren Gesicht. Er hatte einen
roten Tütenhut mit silbernen Sternen auf dem Kopf
und trug einen langen blauen Mantel mit goldenen
Eulen. Sein Gesicht wurde bleich wie
ein Leintuch, als der König ihm
befahl, den Mond für Leonore
vom Himmel herunterzuholen.

„Ich habe in meinem Leben
schon viele atemberaubende
Kunststücke fertiggebracht",
sagte der Zauberer, „aber
den Mond kann niemand
haben. Er ist 150 000 Meilen
entfernt, aus grünem Käse
und doppelt so groß
wie das Schloß."

Der König
schnaubte
abermals

vor Zorn und ließ den Obermathematiker kommen. Er war kurzsichtig, hatte eine Glatze, ein Käppchen auf dem Hinterkopf und einen Bleistift hinter dem Ohr. Er trug einen langen schwarzen Mantel, der mit lauter weißen Zahlen bestickt war.

„Du sollst", befahl der König, „auf der Stelle den Mond herbeischaffen, damit meine Tochter endlich wieder gesund werden kann."

„Ich fühle mich sehr geehrt, aber der Mond ist 300 000 Meilen von hier entfernt", sagte der Obermathematiker, „er ist rund und flach wie eine Münze, besteht aber im Gegensatz zu Münzen aus Asbest und ist halb so groß wie dieses Königreich. Außerdem ist er am Himmel festgeklebt, und deshalb kann man ihn auch nicht herunterholen."

Der König raste vor Zorn und warf den Obermathematiker hinaus. Dann rief er nach dem Hofnarren, um sich von ihm aufmuntern zu lassen.

Der Hofnarr eilte in seinem buntscheckigen Gewand herbei, daß die Glöckchen nur so klingelten,

die an seiner Kapuze angenäht waren, und ließ sich zu Füßen des Throns nieder. „Was kann ich für Euch tun?" fragte er den König.

„Mir kann niemand helfen", sagte der König niedergeschlagen, „meine kleine Tochter wünscht sich den Mond, und wenn sie ihn nicht bekommt, dann wird sie nicht wieder gesund. Aber niemand kann mir den Mond vom Himmel holen. Wenn ich jemanden darum bitte, so wird der Mond immer größer und entfernt sich immer weiter von hier. Niemand kann mir helfen. Spiel mir etwas auf deiner Laute, aber etwas recht Trauriges."

„Wie groß soll der Mond denn sein und wie weit entfernt?" fragte der Hofnarr.

„Der Lordkanzler sagte, er sei 35 000 Meilen weit weg und größer als das Zimmer der Königstochter", antwortete der König, „der Zauberer hingegen meint, er sei 150 000 Meilen entfernt und doppelt so groß wie das Schloß. Und der Obermathematiker behauptet, er sei 300 000 Meilen entfernt und halb so groß wie das Königreich."

„Das sind alles sehr kluge Männer, also muß es stimmen, was sie sagen", entgegnete der Hofnarr, „und wenn sie recht haben, dann ist der Mond gerade so groß und so weit entfernt, wie es sich jeder einzelne vorstellt. Weiß man denn aber, für wie groß die Königstochter den Mond hält? Denn das allein wäre doch wichtig."

„Daran hab ich noch gar nicht gedacht", sagte der König.

„Ich werde zu ihr gehen und sie danach fragen", sagte der Hofnarr und schlich sich auf Zehenspitzen in das Zimmer des kleinen Mädchens. Leonore war aber noch wach und freute sich über den Besuch des Hofnarren. Sie sah sehr blaß aus, und ihre Stimme klang schwach und matt. „Hast du mir den Mond mitgebracht?" fragte sie.

„Noch nicht", antwortete der Hofnarr, „ich bin gerade damit beschäftigt, ihn für dich zu besorgen. Was meinst du wohl, wie groß er ist?"

„Er ist kleiner als mein Daumennagel, denn wenn ich den gegen den Himmel halte, verdeckt er den Mond."

„Und wie weit ist er von hier entfernt?" wollte der Hofnarr noch wissen.

„Er ist nicht ganz so hoch wie der Baum vor meinem Fenster, denn in manchen Nächten bleibt er in den Zweigen hängen", antwortete Leonore.

„Dann ist es ganz einfach, den Mond zu fangen", sagte der Hofnarr. „Ich klettere auf den Baum, wenn der Mond in den Zweigen steckt, und hole ihn für dich herunter. Und woraus ist der Mond gemacht?"

„Aus Gold natürlich, du Dummkopf", antwortete Leonore. Da lief der Hofnarr sofort zum Goldschmied.

Er bat ihn, ein kleines rundes Goldplättchen anzufertigen, um eine Winzigkeit kleiner als der Daumennagel der Königstochter. Und daraus sollte er einen Anhänger machen, den Leonore an einer Kette um den Hals tragen konnte.

Als der Goldschmied mit der Arbeit fertig war, fragte er: „Und was soll das Ganze bedeuten?"

„Du hast den Mond gemacht", entgegnete der Hofnarr.

„Aber der Mond ist 500 000 Meilen entfernt und besteht aus Bronze, und er ist kugelrund wie eine Murmel", rief der Goldschmied.

„Das meinst du", sagte der Hofnarr und ging mit seinem kleinen goldenen Mond davon. Er brachte ihn der Königstochter, und sie war überglücklich darüber. Am nächsten Tag war sie wieder gesund und konnte im Hofgarten spielen.

Die Sorgen des Königs waren damit aber noch nicht vorüber. Er wußte, daß der Mond in der Nacht wieder am Himmel stehen würde, und er wollte nicht, daß seine Tochter ihn dort entdeckte, denn dann würde sie dahinterkommen, daß es nicht der richtige Mond wäre, den sie am Kettchen trug.

Der König fragte all seine Ratgeber, was er machen sollte, aber keinem fiel etwas Gescheites ein. „Mir kann keiner mehr helfen!" klagte der König. „Und jetzt geht der Mond auch noch auf!"

Der Hofnarr schlug eine heitere Melodie an. „Eure gelehrten Männer sind allwissend", sagte er, „und wenn sie den Mond nicht verstecken können, dann kann man ihn auch nicht verstecken."

Der König seufzte tief. Da unterbrach der Hofnarr sein Spiel und rief: „Wer konnte sagen, wie man den Mond holt, als Eure klugen Männer erklärten, er sei zu groß und viel zu weit entfernt? Das war die Königstochter. Also ist die Königstochter klüger als die gelehrtesten Männer und weiß mehr vom Mond als sie alle zusammen. Also werde ich sie fragen!"

Bevor der König ihn aufhalten konnte, war der Hofnarr aus dem Thronsaal gesprungen und lief zum Zimmer der Königstochter hinauf.

Leonore lag hellwach im Bett und schaute zum Fenster hinaus zum Mond, der am Himmel stand und leuchtete, und in ihrer Hand glänzte ihr eigener kleiner Mond.

Der Narr schien Tränen in den Augen zu haben. „Königstochter, sag mir nur, wie kann der Mond noch am Himmel stehen, wenn er doch jetzt an deiner Kette hängt?" fragte er verwirrt.

Leonore blickte ihn lächelnd an. „Das ist doch ganz einfach, du Dummkopf. Wenn ich einen Zahn verliere, wächst doch ein neuer nach, oder nicht?"

„Natürlich!" sagte der Hofnarr und lachte. „Und wenn ein Einhorn sein Horn im Walde verliert, wächst ihm auf der Stirn ein neues."

„Siehst du", sagte die Königstochter, „und wenn der Gärtner im Hofgarten die Blumen schneidet, wachsen andere nach."

„Daß ich darauf nicht von allein gekommen bin!" rief der Hofnarr. „Schließlich ist es mit dem Tageslicht dasselbe."

„Ja, und genauso ist es mit dem Mond", erklärte Leonore, „und ich glaube, daß es mit allem so ist." Ihre Stimme wurde immer leiser, und der Hofnarr merkte, daß sie eingeschlafen war. Behutsam deckte er sie zu.

*James Thurber*

62

## DIE GESCHICHTE VOM SCHWEIN, DAS ROSA HEISSEN WOLLTE

Einmal hat ein Schwein sich immer geärgert, wenn die Leute „Schwein" zu ihm gesagt haben. Es wollte lieber Rosa heißen. Darum hat es sich nie mehr schmutzig gemacht.

Die anderen Schweine haben das Futter aus dem Trog gefressen, und sie haben dabei gegrunzt und geschmatzt, weil es ihnen so gut geschmeckt hat. Aber das Schwein, das Rosa heißen wollte, hat nur einen trockenen Strohhalm gekaut.

Die anderen Schweine haben aus den Pfützen im Hof gesoffen. Aber das Schwein, das Rosa heißen wollte, hat nur die sauberen Tropfen vom Wasserkran abgeleckt.

63

Die anderen Schweine haben sich im Schlamm gewälzt und vor Vergnügen gequiekt. Aber das Schwein, das Rosa heißen wollte, hat daneben gestanden und sich die Füße am Gras abgeputzt.

Es war jetzt immer sehr schön sauber, aber es ist immer dünner und dünner geworden. Es hatte keinen hübschen runden Bauch mehr und keine Speckfalten im Nacken, und sein Ringelschwanz hat traurig heruntergehangen.

Da hat der Bauer zu ihm gesagt: „Du bist krank, du armes Schwein!" Und er hat ihm bittere Medizin ins Maul geschüttet. Da hat das Schwein gedacht: „Wenn Saubersein so schrecklich bitter schmeckt, dann will ich lieber doch nicht Rosa heißen." Es hat die Medizin wieder ausgespuckt und ist zum Trog gerannt und hat sich sattgefressen. Dann hat es eine riesige Pfütze leergesoffen und sich im Schlamm gewälzt, bis es überall dreckig war. Und dabei hat es wie die anderen Schweine vor Vergnügen gequiekt.

*Ursula Wölfel*

## DER DOKTOR UND DAS WILDSCHWEIN

Der Doktor wurde einmal zu einem kranken Kind gerufen, das wohnte in einem Dorf. Da packte der Doktor sein kleines Köfferchen. Was tat er wohl alles hinein?

Eine Spritze, eine Schere, eine Pinzette, ein Heftpflaster, ein Fläschchen Jod, eine Mullbinde und – ein Stück Schokolade.

Für wen war wohl die Schokolade? Natürlich für das kranke Kind, wenn es die Spritze bekommt und nicht weinen soll.

Das alles packte er also in sein Köfferchen, und dann fuhr er mit seinem Auto los.

65

Er mußte aber durch einen großen Wald, wo es nur Wege für Fußgänger und Pferdewagen gab, und da es stark geschneit hatte, blieb sein Auto plötzlich mitten im Wald im Schnee stecken und fuhr nicht mehr vorwärts und nicht mehr rückwärts.

Der Doktor schaute aus dem Fenster, es schneite immer noch, und er sagte: „So ein Mist! Jetzt schneie ich hier im Wald ein, und weit und breit ist kein Mensch, der mir hier wieder heraushelfen könnte."

Da sah er plötzlich etwas Dunkles zwischen den Bäumen hin und her laufen, und als er genauer hinsah, war's ein Wildschwein.

„Hallo, Wildschwein!"

„Ja, was soll ich denn?"

„Ich bin hier mit meinem Auto steckengeblieben und muß ganz schnell zu einem kranken Kind. Kannst du mir nicht helfen?"

Da kam das Wild-schwein heran und sagte:

„Ja, wenn du reiten kannst, dann steig mal auf!"

Da setzte sich der Doktor auf das Wildschwein und ritt auf ihm im Galopp durch den Wald. Das war ziemlich hart, und die Borsten piekten den Doktor in den Popo. Aber was hilft's, er mußte ja schnell zu dem kranken Kind.

Der Vater des kranken Kindes schaute schon ganz ungeduldig aus dem Fenster und sagte: „Wo bleibt bloß der Doktor?" Er konnte ja nicht wissen, daß der mit seinem Auto im Schnee steckengeblieben war. Da sah er ihn plötzlich auf seinem Wildschwein heranreiten.

„Komm mal schnell ans Fenster!" sagte er zu dem kranken Kind. Und als das Kind den Doktor auf dem Wildschwein daherreiten sah, fing es an, so furchtbar zu lachen, daß es gleich wieder gesund wurde. Als der Doktor ins Haus trat, sagte es: „Herr Doktor, ich habe mich schon ge- sund gelacht, Sie brauchen Ihren Koffer gar nicht mehr auszupacken."

Der Doktor war ein bißchen ärgerlich, daß er den weiten Weg gemacht hatte. Aus seinem Koffer holte er die Schokolade heraus und schenkte sie dem Wildschwein. „Vielen Dank, daß du mich getragen hast", sagte er. „Und von Ihnen", sagte der Doktor zu dem Vater des Kindes, „bekommt das Wildschwein noch einen großen Korb voll Kartoffeln."

„Wofür denn das?" fragte der.

„Weil das Wildschwein Ihr Kind wieder gesund gemacht hat", sagte der Doktor.

Da mußte der Vater des Kindes einen großen Korb voll Kartoffeln für das Wildschwein holen. Und nachher hat er den Doktor auf seinem Trecker in den Wald gefahren und das Auto aus dem Schnee gezogen.

Das Wildschwein aber hat sich nie wieder in dem Dorf blicken lassen, denn es hatte im Flur des Hauses, wo das kranke Kind wohnte, eine Flinte hängen sehen.

*Heinrich Hannover*

# Ein sehr alter weisser Bär

Der weiße Bär saß seit vielen Jahren zwischen dem dunkelgrünen und dem gelben Kissen. Er wurde nur aufgehoben, wenn die Sofakissen ausgeschüttelt wurden. Manchmal vergingen Wochen, ohne daß er eine Menschenhand spürte.

Der weiße Bär saß da und dachte an vergangene Zeiten. Wenn Regen in der Luft lag, spürte er die Naht am rechten Bein. Dort hatte ihn ein Hund erwischt. Das war dreißig Jahre her oder noch etwas länger. Der weiße Bär erinnerte sich genau, wie sein kleines Mädchen hinter dem Hund hergerannt war. Er erinnerte sich, wie sie geschrien hatte.

Er erinnerte sich, wie sie in seinen weißen Bauch weinte. Und wie ihre Mutter die Holzwolle zurückstopfte in das Bein und die Wunde zunähte. Seither war das rechte Bein ein wenig dünner als das linke.

Seine rechte Pfote fehlte. Das war beim Karussellfahren passiert. Der weiße Bär war ins Gestänge geraten, als sein kleines Mädchen auf einem weißen Pferd ritt und in die Hände klatschte.

An den Fußsohlen hatte der weiße Bär Lederflecke. Dort war der Stoff aufgegangen. Der weiße Bär wußte nicht, wieso. Er war nie viel zu Fuß gegangen. Meist hatte ihn sein kleines Mädchen herumgeschleppt.

Er hatte oft gebrummt, wenn sie ihn einfach nachschleifen ließ. Jetzt konnte er schon lange nicht mehr brummen. Die Feder in seinem Bauch war irgendwann einmal gesprungen.

Sein kleines Mädchen kam ins Zimmer und setzte sich an den Schreibtisch, ohne den weißen Bären anzusehen.

Er kränkte sich. Eigentlich hätte er längst daran gewöhnt sein müssen. Aber er konnte sich nicht daran gewöhnen. Er wäre gern hin- und hergerutscht. Aber er war steif vom langen Sitzen. Er guckte vor sich hin.

Sein kleines Mädchen klapperte auf der Schreibmaschine. Ihre Ellenbogen gingen auf und ab, auf und ab.

Sie war gar kein kleines Mädchen mehr. Sie war eine Frau. Sie hatte selbst Kinder.

Die hatten auch mit dem weißen Bären gespielt.
Aber anders. Sie hatten mit ihm gespielt und ihn
dann tagelang liegen gelassen. Einmal sogar in einer
Pfütze. Davon stammten die dunklen Flecke und
die kahlen Stellen in seinem Fell.

Und jetzt waren auch die Kinder schon groß und
sahen ihn nicht mehr an.

Der weiße Bär hätte gern geseufzt. Aber das
konnte er nicht. Er war nur traurig. Er fühlte sich
unnütz. Niemand brauchte ihn.

Eines Tages kam ein fremder Junge zu Besuch.
Der fremde Junge stieg auf das Sofa und holte alle
Bücher vom Regal. Eines fiel dem weißen Bären auf
den Kopf.

Der fremde Junge blätterte die Bücher so schnell
durch, daß es klang, als rausche der Wind durch die
Seiten. Der fremde Junge drehte das Radio auf, daß
es dröhnte. Der fremde Junge rannte grölend durch
die Wohnung.

Plötzlich klirrte irgendwo Glas.

Dann hörte der weiße Bär lautes Weinen.

Sein kleines Mädchen sprang auf und rannte hinaus.
Der weiße Bär hörte Wasser rinnen. Er hörte,
wie eine Schublade aufgerissen wurde. Er hörte eine
Schere schnappen. Er hörte murmelnde Worte.

Dann kam sein kleines Mädchen zurück.

Sie trug den fremden Jungen.

„Ich will zu meiner Mama!" schrie der fremde
Junge.

„Das geht jetzt nicht", sagte das kleine Mädchen.
„Das weißt du doch." Sie legte den fremden Jungen
auf das Sofa. Er schluchzte laut. Er zappelte und
strampelte.

Der weiße Bär wurde hin- und hergeschüttelt.

Sein kleines Mädchen sagte zu dem fremden
Jungen: „Ich habe jemanden für dich."

Sie hob den weißen Bären auf. Sie fuhr über seinen kahlen Kopf. „Der kann wunderbar trösten", sagte sie und legte den weißen Bären in die Armbeuge des fremden Jungen. „Er hat mich immer getröstet, wenn ich traurig war."

Der fremde Junge sah den weißen Bären an.

„Was ist mit seiner Pfote?" fragte er.

Der weiße Bär mochte es nicht, wie ihn der fremde Junge ansah. Sein kleines Mädchen erzählte die Geschichte von der Pfote. Der fremde Junge hörte zu. Hin und wieder schnupfte er auf. Der Bär hörte auch zu.

Sein kleines Mädchen erzählte die Geschichte vom Bein. Und die Geschichte von der kahlen Schnauze. Der fremde Junge drückte den Bären an sich. Der weiße Bär spürte die warme Haut des fremden Jungen. Die kahle weiße Bärenschnauze kam in die Halsgrube des fremden Jungen.

Der fremde Junge fing an zu lachen. „Das kitzelt ja!" sagte er und zappelte.

Der weiße Bär wurde wieder hin- und hergeschüttelt. Aber das war ganz anders als zuvor.

Sein kleines Mädchen sah ihn an, so wie sie ihn früher angesehen hatte. Ganz früher.

„Siehst du", sagte sie zu dem Jungen, „er mag dich, mein Bär. Ich muß jetzt in die Küche gehen, aber er bleibt bei dir."

Der Junge drückte den weißen Bären noch fester an sich.

'Ich bin nicht mehr unnütz', dachte der weiße Bär. 'Ich bin wieder nütz. Ein Bär, der gebraucht wird. Ein Bär, der trösten kann.'

*Renate Welsh*

75

# DAS STOFFTIER-KRANKENHAUS

Frau Doktor, meine Katze ist krank,
hat schon zwei Tage nichts gegessen,
und spielen will sie auch nicht.
Da woll'n wir mal Fieber messen.
Na, das hab ich mir schon gedacht:
neununddreißig acht.
Bitte die Katze auf Zimmer vier!
Sie kriegt gleich eine Spritze von mir.
Jetzt kommt der Fuchs dran.
Oh, der hat Schwanzentzündung.
Kamillensalbe und einen Verband!
Und wer hustet da so fürchterlich?
Das ist mein erkälteter Elefant.
Ich schreib ihm Hustentropfen auf.
Zwei Eimer täglich, auf der Packung steht's drauf.

Frau Doktor, untersuchen Sie meinen Hund.
Er kratzt und kratzt sich den ganzen Tag.
Was er nur haben mag?
Lieber Mann, dieser Hund
ist kerngesund,
der hat nur Flöhe, streu'n Sie ihm schnell
dieses Flohpulver auf's Fell.
Was macht denn mein Lämmchen auf Zimmer zwei?
Die Operation ist schon vorbei.
Es ist gerade aufgewacht
und hat schon wieder „Mäh" gemacht.
Es muß noch hierbleiben bis übermorgen,
aber machen Sie sich keine Sorgen.
O weh, das Krankenhaus wird zu klein!
Die Ente mit dem gebrochenen Bein
paßt nicht mehr rein.
Schwester, das Bein muß in Gips, und dann
bauen wir schnell noch ein Zimmer dran.

*Christa Wißkirchen*

# DER ZAUBER

„Sie hat hohes Fieber", sagte die Mutter. Der Vater
sah jetzt auch besorgt aus.

„Wann kommt der Arzt?" fragte er.

„Er müßte schon da sein." Die Mutter guckte auf
ihre Armbanduhr.

Schaschi nahm das alles nur undeutlich wahr.
Sie erinnerte sich, daß der Kater Musch am Fußende
ihres Bettes lag. Dann fühlte sie den kühlen, feuch-
ten Umschlag, den die Mutter ihr auf die Stirn legte.

Der Vater beugte sich über sie. „Ich glaube, sie
schläft jetzt ein bißchen", sagte er.

Aber Schaschi war in der Wüste. Sie saß im gelben Sand zwischen den hohen, pieksigen Kakteen, und es war unerträglich heiß.

Als sie den Schatten sah, dachte sie zuerst, es sei der Kater Musch. Dann hob sie den Kopf, und es war ein Löwe.

„Hallo, Musch", sagte Schaschi, denn es war trotzdem der Musch.

„Weißt du den Zauber?" fragte der Löwe.

„Frag mich nichts", sagte Schaschi. „Mir ist furchtbar heiß."

„Noch nie ist der Regen so lange ausgeblieben", sagte der Löwe. „Es gibt kein Wasser mehr in der Steppe, und die Oasen in der Wüste sind verdorrt."

Er tupfte sich mit der Pfote den Schweiß von der Stirn. „In der Prophezeiung heißt es: Ein Mädchen, das den Zauber kennt, verhindert, daß die Wüste brennt."

„Ich kenne den Zauber aber nicht", sagte Schaschi. „Ich habe Durst."

„Denk mal nach", sprach da eine andere Stimme, „vielleicht weißt du ihn doch."

Vor Schaschi saß ein Wüstenfüchschen mit großen Ohren.

„Denk nach!" rief jemand von oben.

„Ach, Giraffe", sagte Schaschi, „ich weiß wirklich keinen Zauber außer Simsalabim und so. Ich kann auch kaum noch schlucken, weil mein Hals so trocken ist."

Für einen Augenblick schloß Schaschi die Augen. Als sie sie wieder öffnete, waren viele, viele Tiere da. Sie saßen im Halbkreis um sie herum und schauten sie an, und alle sahen ein bißchen staubig aus.

„Die Dattelpalmen lassen die Wedel hängen", sagte ein Gnu.

„Die Bambuswälder verdursten!" riefen die Zebras.

„Selbst die Dornbüsche sterben!" piepste die Wüstenmaus.

„Wenn ein Feuer ausbricht, sind wir alle verloren", der Skorpion hob seinen Stachel.

Die Hyäne heulte, und der Leopard hatte den Kopf auf die Pfoten gelegt und blinzelte Schaschi an.

„Warum gehn wir nicht alle weg?" fragte Schaschi. Aber sie war von der Hitze selber schwer wie Blei und konnte nicht einmal aufstehen.

„Weg?" fragten die Büffel. „Wohin denn?"

Plötzlich schrie das Trampeltier: „Schaut nur, der Himmel ist voller Sonnen!"

Da sah Schaschi es auch:
Es war nicht nur eine
Sonne am Himmel,
sondern viele

Sonnen standen über ihnen und brannten ihre Glut auf sie herab.

„Mach den Zauber", murmelten die anderen Tiere im Chor. „Mach den Zauber. Mach den Zauber!"

„Ich weiß ihn doch nicht", sagte Schaschi. „Ich weiß ihn wirklich nicht. Warum macht ihr ihn nicht selber?"

„Es ist ein Zauber, den nur ein Mensch machen kann", sprach der Löwe Musch. „Wir kennen ihn nicht."

„Ich auch nicht", sagte Schaschi. „Ich schwöre es euch." Ihr war ganz schwindelig im Kopf. Aber als sie die Tiere sah, die sie mit großen Augen anblickten, taten sie ihr so leid, daß sie ihr eigenes Elend vergaß.

„Simsalabim!" sagte sie leise. „Abrakadabra!" Nichts geschah. „Ach, Musch!" rief Schaschi, „und all ihr anderen armen Tiere! Wenn ich euch doch helfen könnte!"

Und auf einmal fing sie an zu weinen. Große, dicke Tränen fielen in den Sand. Die Tiere saßen ganz still. Tropf, tropf, tropf, fielen die Tränen. Aber so

viele Tränen konnte Schaschi doch gar nicht weinen!

Sie blickte hoch, da sah sie, daß es regnete. Wolken hatten die vielen Sonnen zugedeckt, und es regnete. „Es regnet!" schrie Schaschi, und sie hielt ihr Gesicht zum Himmel empor. Immer dichter fielen die Tropfen, immer mehr. Die Hitze ließ von Schaschi ab, und sie fühlte sich wohl und frisch.

„Sie hat geweint", hörte sie da. Es war Schaschis Mutter, die das sagte.

„Hm", sagte der Arzt. Er legte die Hand auf Schaschis Stirn. „Sie ist fieberfrei."

Schaschi schlug die Augen auf. Musch saß wieder am Fußende des Bettes. Sie blickten sich lange an. Dann machten sie beide die Augen wieder zu und schliefen noch ein bißchen.

*Gina Ruck-Pauquèt*

# Eine Überraschung für Minka

Sonst ist Minka immer sehr fröhlich. Aber heute nicht. Sie hat sich einen Splitter in die Pfote getreten.

Lisa, die Bäuerin, macht sich große Sorgen und ruft den Doktor. Der Doktor zieht den Splitter heraus und sagt zu Lisa: „Minka muß nun drei Tage im Bett bleiben, dann ist ihr Pfötchen wieder heil!"

Dann macht er Minka noch einen schönen weißen Verband um die Wunde.

Auf dem Bauernhof reden alle Tiere nur noch davon, daß Minka KRANK ist. Der Hahn, der es zuerst weiß, erzählt es der Henne. Die Henne erzählt es der Ente. Die Ente watschelt sofort zum Teich und

84

erzählt es dem Schwan. Der Schwan erzählt es dem Fisch. Der Fisch erzählt es dem Frosch. Der Frosch erzählt es der Biene. Die Biene erzählt es dem Gänseblümchen. Das Gänseblümchen erzählt es dem Vogel. Der Vogel erzählt es dem Hasen. Der Hase erzählt es dem Regenwurm. Und der Regenwurm erzählt es dem Marienkäfer.

Dann machen sich alle auf den Weg, um Minka zu besuchen. Und jeder bringt ihr etwas Schönes mit.

Der Marienkäfer ein vierblättriges Kleeblatt.

Der Regenwurm ein Stück Gartenerde.

Der Hase eine dicke frische Möhre.

Der Vogel ein kleines grünes Ästchen.

Das Gänseblümchen einen kleinen Sonnenstrahl.

Die Biene ein winziges Töpfchen Honig.

Der Frosch sein schönstes, längstes und lautestes „QUAAAAAK".

Der Fisch eine schön glänzende Silberschuppe.

Der Schwan eine blütenweiße Feder aus seinem Gefieder.

Die Ente eine Seerose.

Die Henne ein dickes Ei ... und der Hahn ein duftendes Stück von seinem Lieblingsmisthaufen.

Minka liegt nun in ihrem Bett zwischen all den vielen Geschenken und denkt: Kranksein ist eigentlich gar nicht so schlimm!

Lisa ist ganz glücklich, daß alle Tiere ihre kleine Minka so lieb haben.

*Karin Heimann*

# WIE MAN IM BETT LIEGEN KANN

Grad wie 'n Lineal,
zittrig wie 'n Aal,
krumm wie 'ne Sichel,
besoffen wie Michel,
brav wie Susanne,
platt wie 'ne Pfanne,
verbogen wie 'n U.
Und wie liegst du?

*Roswitha Fröhlich*

## EINE KRÄCHZENDE
## NACHTEULE

„Der Nächste, bitte", sagt Doktor Schimmel.
Fräulein Maus sieht in ihrem Notizbuch nach und
sagt: „Eine krächzende Nachteule."

Die Nachteule haust in einem uralten Gemäuer,
das weit entfernt auf einem Berg liegt. Doktor
Schimmel und Fräulein Maus müssen stundenlang
laufen, bis sie da sind. Der Wind heult ihnen um die
Ohren, und der Regen klatscht ihnen auf das Fell.

Während sie den Berg hochklettern, wird es
dunkel. Als sie oben anlangen, ist es stockfinstere
Nacht. „Krr-krr-krr", macht es dicht vor ihnen.

Doktor Schimmel sagt: „Obwohl ich nichts sehe, nehme ich an, daß es die Nachteule ist, die hier so krächzt." Und er verordnet ihr: „Machen Sie mindestens eine Woche lang keine Ausflüge bei Wind und Wetter, dann wird sich das Krächzen legen."

„Krr-krr-krr", macht es wieder, dann bekommt Doktor Schimmel einen heftigen Schlag vor den Kopf und setzt sich vor Schreck auf die Hinterbeine.

Fräulein Maus piepst erschrocken: „Doktor, was Sie für die Nachteule gehalten haben, war das alte Tor, das im Wind knarrt und auf und zu schlägt."

„Mich hat es fast erschlagen", stöhnt Doktor Schimmel. Vorsichtig tastet er sich neben Fräulein Maus in das Gemäuer hinein.

„Krchz-krchz-krchz", macht es über ihnen.

Doktor Schimmel sagt: „Obwohl es stockfinster ist, nehme ich an, daß dies bestimmt die Nachteule ist, die hier so krächzt." Und er verordnet ihr: „Trinken Sie täglich sieben Tassen Holundertee mit Salbeiblättern, dann wird sich das Krächzen legen."

„Krchz-krchz-krchz", macht es wieder, dann fällt irgend etwas Doktor Schimmel auf den Kopf, und er fällt vor Schreck um.

Fräulein Maus piepst erschrocken: „Doktor Schimmel, was Sie diesmal für die Nachteule gehalten haben, war ein alter Balken, der geächzt hat und heruntergefallen ist."

„Mich hat er fast erschlagen", stöhnt Doktor
Schimmel. Dann sagt er: „Ich habe es jetzt satt. Erst
verordne ich einem alten Tor eine Woche lang Ruhe.
Dann verordne ich einem alten Balken sieben Tassen
Holundertee. Nur die Eule, derentwegen ich hier
bin, läßt sich nicht blicken. Kommen Sie, Fräulein
Maus, wir gehen!"

Doktor Schimmel dreht sich um, stolpert über
den Balken und stößt mit dem Kopf gegen die
Mauer.

„Lassen Sie uns lieber warten, bis es hell wird",
sagt Fräulein Maus. Doktor Schimmel und Fräulein
Maus warten also, während der Wind heult, während
das alte Tor auf und zu schlägt und während die
Balken über ihnen ächzen. Allmählich dämmert es.

„Krächz-krächz-krächz", macht es hinter ihnen.

„Geben Sie acht, Doktor! Dies ist wirklich die Nachteule!" ruft Fräulein Maus.

Ehe Doktor Schimmel achtgeben kann, landet die Eule auf seinem Kopf und macht es sich dort bequem.

„Krächz-krächz-krächz, endlich sind Sie da!" ruft sie, dann muß sie laut husten. Sie hustet, daß nicht einmal mehr der heulende Wind zu hören ist. Dann sagt sie erschöpft: „Krächz-krächz-krächz, was macht man dagegen?"

Doktor Schimmel sagt: „Das habe ich bereits dem alten Tor und dem Balken gesagt. Nun sage ich es Ihnen noch einmal: Sieben Tage keinen Ausflug bei Wind und Wetter und dazu täglich sieben Tassen Holundertee mit Salbeiblättern. Und nun verziehen Sie sich bitte von meinem armen Kopf, er hat in dieser Nacht schon genug mitgemacht."

Die Nachteule verzieht sich ins Gemäuer.

Doktor Schimmel und Fräulein Maus machen sich auf den Heimweg. Erst niest Fräulein Maus. Dann hustet Doktor Schimmel.

Er sagt: „Obwohl ich Holundertee mit Salbei-blättern verabscheue, krächz-krächz, werden wohl auch wir sieben Tassen davon trinken müssen."

*Margret Rettich*